AF221517

Theresa Einenkel

Meine Seele,
der Porzellanladen

von Scherben und neuen Teilen

Bibliografische Information der Deutschen
Nationalbibliothek:
Die Deutsche Nationalbibliothek verzeichnet diese
Publikation in der Deutschen Nationalbibliografie;
detaillierte bibliografische Daten sind im Internet über
http://dnb.dnb.de abrufbar.
© 2022 Theresa Einenkel
Cover: entworfen mit canva.com
Herstellung und Verlag: BoD – Books on Demand,
Norderstedt
ISBN: 978-3-7543-1440-1

Für Dich ♡

Inhaltsverzeichnis

.

Meine Seele, der Porzellanladen

Über dieses Buch

Dieses Buch enthält Spuren von dem,
was im Leben passieren kann.

Seiten des Lebens in Worte verpackt.
Oder zumindest der Versuch.

Persönlich, manchmal traurig,
manchmal auch ein wenig fröhlich.

Herzschmerz.

Herzfreude.

Verschiedene Seiten.

Ungeschönt.

Unverblümt.

Manchmal auch verziert mit ein paar Blumen
und Mangos.

Auf welchen Seiten wirst Du Dich wiederfinden?

Meine Seele, der Porzellanladen

Teil 1 – Gebrochen

Von in den Dreck fallenden Scherben

Ich habe Dich in mein Leben gelassen,
nicht weil Du *irgendwer* warst
und doch bin nun ich diejenige,
die *irgendwer* für Dich ist

Vom Ende, das ein Anfang war

Hätte ich gewusst,
wie Du Jahre später mit mir umgehen würdest
und unser jähes Ende,
welches Du bestimmt hattest,
geahnt hätte
Dann hätte ich niemals
mein Vertrauen in Deine Hände gelegt
So hätte ich niemals
auf Deine erste Nachricht geantwortet
Und ich hätte Dich auch
nie und nimmer
in mein Herz gelassen

Weil mir mein innerer Frieden
wertvoller gewesen wäre

(Warum mir das niemand gesagt hatte?
Weil wir die Kraft besitzen,
durch jeden Sturm selbst zu gehen)

Gewiss

Vielleicht haben sich unsere Blicke eines Tages
und an mehreren weiteren Tagen gekreuzt.
Vielleicht saßen wir zu Schulzeiten in Geographie
nebeneinander.
Vielleicht fanden wir die anderen alle merkwürdig und
haben uns unser eigenes Universum erstellt
und uns darin getroffen.
Vielleicht sind wir mal ganz dick miteinander
gewesen.
Und vielleicht sind wir auch mal so viel mehr als dick
miteinander gewesen.
Vielleicht bin ich durch Dich dicker geworden.
(Weil wegen Liebes-Speck.)
Vielleicht ging es mir unglaublich gut mit Dir.
Vielleicht haben wir bereits ein hundertstes Mal über
einen unserer unzähligen Insider-Witze gelacht und
gesagt, dass das nie jemand anderes verstehen würde.
Vielleicht haben wir mal etwas zusammen genascht,
eingekuschelt auf dem Sofa.
Vielleicht hat es mir in dem Moment mit Dir an nichts
gefehlt und vielleicht habe ich ehrliches Glück gespürt.

...

Vielleicht gab es einen Umbruch,
weil es in jeder gut verlaufenden Geschichte
einen Umbruch gibt.

Vielleicht gab es bereits diesen einen Moment,
in dem ich das letzte Mal in Deine
hoffnungsvoll hellen Augen blicken durfte.
Vielleicht durfte ich Dich da ein letztes Mal umarmen.

Vielleicht bist Du einfach so gegangen.
Vielleicht hast Du mir den Rücken zugekehrt
und Dich nie verabschiedet.
Vielleicht hast Du mich vergessen und
vielleicht hast Du ein großes, aber kurzes Kapitel in
meinem Leben geschrieben.

Vielleicht ist die Geschichte von uns endgültig
und für immer vorbei.
Vielleicht befahren wir für die Ewigkeit
unsere eigenen Schienen.

...

Vielleicht sind die Weichen so gestellt,
dass wir uns nicht mehr kreuzen werden.
Nicht eines Tages und auch nicht alle weiteren Tage.

Vielleicht sitze ich gerade mitten in der Nacht an dem
Tisch, der auch Dich gekannt hat und schreibe diese
Zeilen, die vielleicht nicht wissen, weshalb sie
existieren.
Vielleicht habe ich jetzt schon viel zu oft *vielleicht*
gesagt.

Vielleicht gab es da mal eine Geschichte
zwischen Dir und mir.
Vielleicht.
Das wird nie jemand wissen.
Außer Du und ich.
Wir.

Vielleicht.

In Deiner ersten Nachricht
an mich
hieß es
LG, der Teufel
Und so wurde aus Spaß Ernst

Meine Seele, der Porzellanladen
Du darin als Elefant
wolltest Reck-Weltmeister werden
Ich, sensibel ohne Ende
schneide mich ausgeklügelt und galant
an meinen eigenen Scherben

60528

Da waren unsere friedlichen Spaziergänge am Main
Hand in Hand, Tag ein, Tag aus
Da, plötzlich von nun auf gleich
hast Du losgelassen und ich war nicht mehr Dein

Gefangen in einem dunkelschwarzen Teich
Worin sich spiegelte ein einziges Licht
In der Farbe von intensivem kreidebleich:
Mein lichterloh weinendes Gesicht

Ein reißender Fluss floss fortan über mich drüber
Ließ eisiges Wasser in meine Lungen -
Ich kam nicht mehr zum rettenden Ufer hinüber
Fühlte mich bei lebendigem Leibe
und Leben ertrunken

Wohin ist all die Wärme entschwunden?
Du hast einen Teil von mir zerstört
Der damals so schutzlos
so ausgeliefert
in seiner jugendlichen Leichtigkeit in mir hauste
Diesen Teil hast Du
so hinterlistig geschunden
Niemand hat ihn darauf vorbereitet
Er hatte keine Ahnung
wozu ein Mensch fähig sein konnte

Wir haben immer darüber gewitzelt,
als Du "just so" im Unterricht gesagt hast
und über die dicke Brotscheibe, die Du mit hattest

Wir haben über so vieles gelacht,
über Kleinigkeiten,
die aus nichts als Banalitäten bestanden

Und jetzt? Jetzt bist Du der einzige,
der noch etwas zu lachen hat

Und ich? In mir drin steht alles still,
weil ich Dein Fehlen nicht verstehen will

Mein Körper ist kein Organladen

Wenn Dir so sehr danach gewesen ist
etwas Lebendiges aus etwas Lebendem
herauszurupfen
so hättest Du lieber Blumen pflücken sollen
statt mir mein Herz zu entnehmen

(hättest Du den Strauß dann auch zu Boden geworfen
und zusätzlich darauf getreten?)

Guten Tag und Entschuldigung
Ich würde mir dann jetzt gerne das Stück
von mir selbst wieder abholen
Du hast es lange genug gehabt und

ich

vermisse

mich

Zugezogen mit Aussicht auf Kuchen

Habe ich Dir schon erzählt, was mir die Abende in einem Zugteil, eingetaucht in grelles Neonlicht, nur mit mir selbst, zeigen?
Sie machen mir klar, dass gar nichts gut ist. Sie sagen mir, dass ich alleine bin und dass ich mich verloren fühle in dieser Welt ohne haltende Fäden.
Habe ich bereits erwähnt, dass das ganz und gar nicht gut für mich ist, wenn ich aus dem Fenster in diese verlassene Dunkelheit schaue? Sie wirft mir diesen einen Gedanken zu, den ich vermeide zu denken.
Den, den ich versuche aus meinem Labyrinth im Gehirn hinauszulenken. Ich flehe Dich so sehnlichst an, mich in Ruhe zu lassen. Mir wenigstens das zu lassen, was ich noch habe.
Meinen Rückzugsort. Meinen Rückzug. Rück. Zug.
Meine Welt, in der ich, wenn ich zu Hause angekommen bin, in meinem Bademantel eingehüllt auf meinem Bett sitze. Im Schneidersitz, mit einer Tasse Erdbeerkäsekuchen-Tee.

...

Im besten Fall noch mit einem Stück
Erdbeerkäsekuchen. Wenigstens einem kleinen.
Lass mir wenigstens das übrig.

Lass mir bitte diesen einen Blick aus dem Fenster,
während ich kurz davor bin zu lächeln, weil mir jener
Zukunftsgedanke so mundet.
Weißt Du, abends ist das am allerschlimmsten.
Manchmal.
Manchmal jedoch, da geht es schon.
Diese, genau diese sind mir die liebsten Abende.
Die Abende, in denen ich lächelnd daran denken
muss, dass zu Hause auf mich mein Refugium wartet.

Error

Wieso auch musstest Du mir genau dort
Blessuren hinzufügen
wo die Wundheilungskraft des Menschen
nicht mächtig genug zu sein scheint

Wieso bin ich am Boden liegen geblieben
während Du weißt, wie das mit dem
einfach-alles-löschen geht

(ich kann es weder mit der Tastatur,
noch mit meinem Kopf –
und Kopf auf Tastatur bringt auch niehz436twofjos)

Es gibt so viele Menschen
So viele, die mich ignorieren
Noch mehr, denen ich egal bin
Und nicht annähernd
kann ich so einen Schmerz
Wie bei Dir verspüren

Überschüssiges Salz, wie auf Laugenbrezeln

Wenn es stimmt
Dass Tränen eines Tages
Zu dem, der sie ausgelöst hat zurückkehren werden
Bleibt mir nur zu sagen
Dass ich Dir wirklich nichts Schlechtes wünsche
Bis auf diese ganzen Tränen

Ich möchte, dass Du weißt
Wie es sich anfühlt
So viel zu weinen
Dass Du nicht mehr schlafen kannst
Und Du denkst, nie wieder aufhören zu können
So lange bis du überhaupt nicht mehr weinen kannst

(Bis Du komplett leer (geweint) bist)

Theresa Einenkel

Wohin hast Du mich überhaupt getragen und versteckt?
Diesen großen Teil meiner Seele
Wo liege ich begraben?
Wo sind bedeckt,
meine lichtdurchfluteten Gefühle und Gedanken

Führe uns in den Teil des Waldes, wo es am dunkelsten ist
wo es sich am besten munkeln lässt
und wo die Körperfetzen all jener liegen

Dort, wo die abgestorbenen Herzen,
Venen voll schwarzer Kälte,
Münder mit den Mundwinkeln nach unten warten

Dank tränenhafter Düngung
wunderbar gediehen -
Trotz Starre irgendwie am Leben geblieben

Sie warten darauf, wieder Teil von uns,
zum Leben erweckt zu werden,
Sie warten auf den Ausbruch aus dieser Schwärze

Lasst sie uns retten
Es ist noch nichts verloren,
wir können die Ausweglosigkeit besiegen

(Lasst uns uns selbst retten)

Wenn sich die Zellen unseres Körpers
Immer wieder erneuern
So müsste ich in ein paar Jahren
Von einer Haut umkleidet sein
Die niemals von Dir berührt worden ist
So gäbe es keine einzelne Zelle meines Gehirns
Mit einer von Dir durchtränkten Erinnerung
Mein Herz?
Schlägt.
Allerdings
Nicht mehr für Dich.

Nur noch für das Leben

und

für

mich

Liebeskoma

Zu viele Lieder, zu viele Orte,
die Erinnerungen am Leben halten
In meinem Ohr immer noch Deine Worte,
manchmal unaushaltbar, all das zu verwalten
Wie ein gefräßiger Virus in meinen Gedanken
So stark, um mich komplett zu verspeisen
Es ist lange nicht überstanden
Es warten Tage vor meiner Tür,
an denen ich mich fühlen werde,
als würde mich etwas von innen heraus zerreißen
Die Zeit heilt alle Wunden
und führt mir auch nach drei Jahren
noch schmerzhaft vor Augen
all das, was ich noch immer nicht habe überwunden
Es fällt mir schwer zu glauben,
dass es jemals wieder besser werden soll

Solange ich jedoch daran glaube,
solange wird es auch besser werden

Das ist es, was zählt

(Mein neuer Glaubenssatz des leichteren Lebens)

Ich habe Angst davor,
dass Du in meiner Gedankenwelt
immer mehr verblasst
Doch bin ich auch diejenige,
die keine Kraft mehr Dich zu halten hat
Zeitweise, da bist Du meinem inneren Ich
so schrecklich schön nah,
dass ich glaube Dich greifen zu können
Einmal die Hand aufgemacht und zack bist Du da,
also rein gedanklich gesehen,
denn direkt vor mir kann ich Dich nicht sehen
Es ist äußerst merkwürdig, dass ich noch immer auf
genau dem Kopfkissen liege,
auf dem auch einst Dein Kopf
sich in den Schlaf gedacht hat
Auf dem einst unsere beiden Köpfen
nebeneinander lagen
Sich gemeinsam in den Schlaf wiegten,
während wir darüber sprachen
weshalb die Dinge so sind wie sie eben sind
Wieso die Natur alles genauso gemacht hat,
wie sie es gemacht hat

...

Über auf der Hand liegende Dinge,
haben wir geredet
Tag und Nacht
konnten wir miteinander reden
Und morgens und abends
hast Du von meinen Tellerchen gegessen,
mit dem Unterschied:
das zwischen uns hat kein gutes Ende besessen
Genau deswegen heißen Märchen auch Märchen
und nicht Leben

(oder es war ein gutes Ende, nur anders definiert)

Hab schon verstanden,
Du wolltest keinen Abschied

Hättest Du mir wenigstens
den Hauch einer Chance geben können,
mich von Dir zu verabschieden?

Wenigstens ein kleines "Mach`s gut"
und eine noch winzigere Umarmung...

Lernmodul

Vor zwei Jahren hatte ich die Vision, dass wir in fünf Jahren zusammen auf der Couch sitzen und darüber lachen würden, was vor fünf Jahren passiert ist. Du hättest noch drei Jahre Zeit dafür, dass diese Vision in Erfüllung geht. Ich habe allerdings beschlossen, Dich von dieser Pflicht zu befreien. Es steckte viel zu viel von Illusion in meiner Vision.
Dein Gesicht eines Tages in einer Menschenmenge zu sehen, ist meine größte Hoffnung und zugleich meine allergrößte Angst. Mittlerweile.
Ich wünsche mir nichts sehnlicher, als dass Du eines schönen Tages vor meiner Tür stehen würdest.
Klopf klopf klopf und alles ist wieder gut. Wenn Du eines schönen Tages vor meiner Tür stehen und *klopf klopf klopf* machen würdest, so wüsste ich, dass nichts wieder gut wäre. Abgesehen davon würdest Du das eh nicht tun. Unsere Zeit zu zweit ist vorbei; es hat nicht sein sollen.
Du kannst mich nicht mehr glücklich machen, denn das ist einzig und allein meine Aufgabe. Denn: Du könntest nichts ändern, auch wenn Du wolltest. Du könntest mich anflehen oder mich weiterhin ignorieren, es würde alles so bleiben wie zuvor. Du bist nicht mehr das, was mein Herz will. Es ist viel zu stur, um Dich jemals wieder in mein Leben zu lassen. Gut so.

Unseren
Man-Trifft-Sich-Immer-Zweimal-Im-Leben-Moment
hätte ich mir anders vorgestellt.
Mehr glamouröser,
so mit viel mehr Konfetti.
Mit ein, zwei Wörtern mehr als mit keinem.
Vor allem jedoch
hätte ich nicht mit einem dritten Moment gerechnet.
Nicht in jener Stadt,
in die ich fast schon vor Dir geflüchtet bin.
Um ein Haar wäre ich stark geblieben.
Fast hätte ich zu Hause nicht dagesessen und
die Fensterscheibe wäre nicht vor meinem Auge
verschwommen.
Beinahe wäre auch nicht diese innere Mauer nach und nach
zerbröckelt, von der ich glaubte sie sei zu stark um ihr jemals
schaden zu können.
Mühsam und
liebevoll
aufgebaut
und mit einem einzigen Wimpernschlag zerstört.

WUMMS.

Die Wurzel einer Wunde

Als ich ein Kind gewesen bin, hieß es immer, sobald ich mir eine Wunde vom Spielen geholt hatte, dass es bis zur Hochzeit heilen würden.

Wenn ich jedoch erfahren würde, dass Du nun verheiratet wärst, so würden mir still und leise ein paar Tränen die Wangen herunter kullern.

Ich würde Tränen weinen, die ganz tief aus ihrer Wurzel zum Vorschein kommen würden…

Verdammt ja,
es handeln viel zu viele Gedichte nur von Dir
Jedes einzelne müsste ich wieder streichen,
so wie Dich aus meinem Kopf
Gedanken und Zeit,
die Du nicht verdient hast,
Zeilen,
die Du niemals lesen wirst,
wobei ich mir wünsche, Du würdest sie lesen,
jede einzelne,
weil ich mich so sehr frage,
ob Du sie nachvollziehen könntest,

schließlich sind sie Dein Werk, sieh sie Dir an

(auch diese hier)

Mein Gesicht in der Luft,
tränenwegtrocknender Wind
schmiegt sich sanft
um meine Augen
Ziehe die Wäscheleine auf
und hänge meine Kleider,
getränkt in Deinem Duft,
berührt von Deinen Händen,
in den Sturm
damit auch Du
weggetrocknet wirst

Es sind Worte, die verletzen
Es ist das Schweigen, welches zerstört

Und manche Menschen sind so unsagbar
gut darin, beides zu vereinen

Manche Menschen verletzen Dich zuerst,
nur um Dich danach zu zerstören

Doch die Sterne sehen alles

Das sind die letzten Zeilen über Dich, versprochen

Was bleibt mir also zu sagen
weit entfernt von all den ungelösten Fragen
Ich wünsche Dir einen Sohn,
der niemals so sein wird wie Du
und ich wünsche Dir eine Tochter
Und bitte versprich mir,
dass Du Acht auf sie gibst
Dass sie sich niemals von einem Jungen wie Dir
ihr Herz brechen lässt

(denn dann wäre Deines auch gebrochen)

Okay, es waren doch nicht die letzten Zeilen…

* seufz *

Wer konnte auch schon ahnen, dass sich unsere Wege *wieder* kreuzen würden?

Ich dachte, ich hatte Dich bereits genug in meinem Leben gesehen…

30.12.2021

Wir sind uns wiederbegegnet. Schon wieder. Und ich möchte Dir am liebsten sagen, dass ich Dich nie wieder sehen möchte. Ich möchte Dich weg- und auskreuzen, viel besser noch: wegradieren. So wie Du es damals mit mir getan hast. Dabei hatte ich mir an jenem Tag noch überlegt, einen anderen Weg zu nehmen. Allerdings war der Wind so stark, dass ich mich dann für die geschützte, die windstillere Seite entschied. Es sollte eine Seite sein, die noch viel stürmischer werden würde.

Außerplanmäßig ging ich 2,5h eher als sonst los, als ich plötzlich Deine Umrisse in der Ferne sah.

Ja, *Deine* Umrisse auf *meinem* Weg. Das kann nicht sein, dachte ich mir im ersten Moment. Ich dachte, ich würde Dich in einem anderen Menschen sehen, weil ich Dich schon so oft in anderen Menschen gesehen hatte.

Alles gut, dachte ich mir. Du kannst es rein theoretisch gesehen gar nicht sein.

Rein praktisch gesehen warst Du es allerdings doch. Perplex lief ich an Dir vorbei. Du hast mich sogar gegrüßt und ich fragte mich *wieso*. Hattest Du mich doch sonst immer angeschwiegen. Ich dagegen konnte Dir gar nichts sagen. Weil ich gelähmt war. Ich verstand nicht, wieso sich unsere Wege kreuzten. So oft.

...

Wieso ich gezwungen wurde, wieder an Dich zu denken.
Du sahst nicht gut aus. Gezeichnet. Dünner als ich Dich
von damals kannte. Rot umrandete Augen, die sich stark
auf Deiner blassen Haut abhoben. Und weißt Du was?
In mir war von Mitleid keinerlei Spur. Denn in diesem
Moment war ich so eiskalt, so wie Du damals zu mir.
Eiskalt zu sein steht unter keiner Strafe, nicht wahr?
Siehst Du, was aus mir geworden ist?
Siehst Du, was Du mit einem Teil von mir gemacht hast?
Wie Du mir, so ich Dir ist äußerst kindisch, doch ich kann
es mir erlauben kindisch zu sein, weil ich einst viel zu tief
in Ernsthaftigkeit geschwommen bin.
Dein innerer Kern hat einen kleinen schwarzen Kern in
mir gepflanzt. Normalerweise müsste ich Dir jetzt eine
Dankesrede abhalten. Ich müsste sagen, dass ich Dir
dankbar bin. Dankbar dafür, dass ich nun mehr das
Leben zu schätzen weiß. Dankbar dafür, dass ich nun
weiß, dass manche Menschen nicht ewig im Leben
bleiben. Dankbar, dass ich nun nur noch Menschen in
mein Leben lasse, die gut zu mir sind.
Dankbar dafür, dass ich bemerkt habe, wie wichtig es ist
loszulassen. Doch weißt Du was?
Ich kann Dir nicht dankbar sein. Du bist jemand, den ich
am liebsten niemals kennengelernt hätte.

...

Du hast mir Schmerzen überlassen und mein Herz wusste sie damals nicht zu lindern – bis Akzeptanz zur einzigen Möglichkeit geworden ist.
Es ist so wahnsinnig gut im Akzeptieren geworden.

Und es vergisst nicht. Es vergisst nicht, was für ein Mensch Du früher gewesen bist.

Meine Seele, der Porzellanladen

Teil 2 - Verwundet

Die Scherben liegen jetzt in vollkommener
Dunkelheit und spiegeln das auf sie
scheinende Mondlicht wider

Völlig verschoben erscheinen Raum und Zeit,
der Blick in die Vergangenheit so nah und so weit
Gefangen in endlos kurvigen Zeitschleifen
ist es schwer, das alles zu begreifen

Wir sitzen mal wieder an Deinem Tisch und
alles dreht sich wie immer nur um Dich
Um all das, was du kannst,
um das, was Du bist
Verstehe mich nicht falsch:
Du bist wirklich
klug, humorvoll und interessant
Nur scheinst du vergessen zu haben,
dass zu unserem Konstrukt,
welches wir führen
zwei Menschen gehören
Das einzige wie ich mich gerade fühle?
So unsagbar verloren

Der Baron von Münchhausen hätte es geliebt

Wer bist Du gewesen?
Auf der einen Seite so gefühlvoll
auf der anderen so taktlos
So bekam ich Ärger von Dir,
weil ein geöffnetes Senfglas
auf Deinen Teppich fiel
und meine Augen während des gemeinsamen
Filme-Schauens zusammenfielen
Den Kern Deines Wesens
werde ich wohl niemals erfahren
Ich weiß nicht, was Du alles durchleben musstest
Ich weiß nur, dass Du ein enormes Päckchen zu tragen
hattest und hast
Und mit dieser Last
ist es sicherlich nicht immer einfach
Jedoch bleiben die großen Fragezeichen in mir

Weil ich nicht weiß, was ich Dir
letztendlich glauben soll und was nicht

Saß da im Pullover,
der Pullover eingekleidet im Bademantel

Saß da so neben Dir
und Dir war meine Gänsehaut egal

Deine Heizung blieb aus,
Du warst schließlich am Schwitzen

Meine Gefühle für Dich
starben in dieser Kälte
- an der nicht nur
Dein Zimmer Schuld war -
ebenfalls ab

"Menschenmuffel sucht Menschenmuffelin" -
zwei Wochen nach unserer Trennung,
mit der Gewissheit ich würde es sehen -
Gar nicht mal so edel von Dir,
tat schon so ein bisschen weh
"Zum gemeinsamen menschenmuffeln"
Während in mir drin der letzte gute Glaube verstarb
und die Rosen, die einst so zart,
schwarze Blütenblätter bekamen
Es flüsterte sogar der eisige Wind
etwas von "nie geliebt"
und das fühlte sich an wie ein
bitterböser Verrat

Wenn ich nun stehen bleibe
An Ort und Stelle verweile
Begegnen wir uns dann wieder?
Kommst Du wieder hier her?
Schließlich musst Du mich überrunden
Wie Du siehst,
fehlst Du mir sehr
Wie Du siehst,
habe ich noch rein gar nichts überwunden

(Aber vielleicht habe ich mich, so ganz ohne Dich,
wieder ein bisschen selbst gefunden)

Von Dir

Lass sie uns abholen
Lass sie uns begleiten
Lass sie uns umarmen
Sagtest Du und
Lass sie uns trösten
Mit hohen Schuhen fandest Du sie am schönsten
Lass sie uns beschenken
Lass uns an sie denken
Lass uns für sie da sein

"Nun geh schon hinter den Beifahrersitz,
sie hat doch ein verletztes Bein".
So saß ich also hinter euch,
beiderseits so hocherfreut
Euer Gespräch nicht weiter störend

Blickend auf ihre Schüssel Obstsalat,
ruhend auf meinem Schoß
Dein "Der muss unheimlich lecker sein"
war für mich nur ein äußerst schwacher Trost
In meinem Kopf: Gedankensalat und ein
verdammt, was soll das bloß

(Du hattest gelegentlich zu oft vergessen,
für *uns* beide da zu sein)

Nur für Sie

Für Sie
war das Foto der Hasen im Zoo
Wir haben uns richtig Gedanken gemacht
Für Sie

Ein Satz aus der Geburtstagskarte
Für Sie
lautete
"Wir wünschen Dir, dass Du eines Tages
Diese ganze Liebe
Die Du den Tieren gibst
zurückbekommst."

Nun

das tat Sie bereits

die ganze Zeit

(Von Dir.)

Von Ihr

4 Worte
1 Moment
Reichten aus
Musste zögern
Hilfe anzunehmen
Habe ich verdient

"Du bist eine emotionale Belastung"

(waren ihre Worte an mich)

Siehst Du nicht meine versteckten Tränen?
Gerne würde ich sie Dir zeigen
Weil ich muss mich dafür nicht schämen
Auf "Möchtest Du sie sehen?"
Bekomme ich keine Antwort
Bekomme nur Deinen Rücken zu sehen
Das was da in Deiner Pfanne brät
Das ist wichtig
Darum musst Du Dich kümmern
Sonst verbrennt es

(Nebenan verbrannte ich)

Straßenbahnlinie 4

Von
Anita [1]
Den beiden Sarahs [2,3]
Christina [4]
Oder wie auch immer sie hießen
Und vor allem von Maggy [5]
Wusste ich vermutlich mehr
Als Du jemals von mir erfahren würdest
Ich bin Dir nicht böse deswegen
Finde es nur sehr schade
Dass ich jetzt jedes Mal
Bei dieser einen Stelle da
Vor'm Lidl
An den fast zustande gekommenen Kuss
Zwischen Anita und Dir
Denken muss
Und wie Du es immer wieder betontest

(Dabei lässt es sich so gut am Teich
nebenan spazieren)

———————

[1-5] Selbstverständlich wurden die Namen abgeändert,
Ähnlichkeiten sind lediglich Zufälle

Odyssee mit dem RE

"Weißt Du", hast Du mir erzählt
"Ich bin ganz schnell in einem gewissen Zug"
meintest Du
"Bei Dir"
Bei mir.
Und weißt Du,
frage ich Dich
Wo bist Du dann jetzt?
Noch immer unterwegs?

Und ja, ich mag Ananas auf meiner Pizza
und Vanille im Risotto
und wenn Du das immer wieder kritisieren musst
dann ist es für mich irgendwann nicht mehr nur Spaß

Wenn Du mich kritisierst und kritisierst
und Dich selbst auf eine höhere Stufe stellst
weil alles an Dir perfekt ist
und Dir irgendetwas an mir immer nicht gefällt

Wenn es Dich stört, dass ich Worte falsch ausspreche
und ich Angst habe zu telefonieren
dann muss ich mich nicht an Dich anpassen,
nein, dann musst Du Dir jemand perfektes auswählen

(Lieber bleibe ich perfekt unperfekt)

Mein Kopf ist bereits zu voll für 5 Uhr
An der Bushaltestelle wartend sowie frierend
denke ich mir,
dass keine Antwort auch eine
und keine Antwort schlimmer als eine ist
Weil wir so der direkten Ablehnung entkommen
Das brennt sich in mir ein,
lässt mir keine Ruhe
Dabei will ich doch endlich frei davon,
genauer gesagt: frei von Dir sein

Ohnmacht der Zeit

Irgendwann wird einer von uns
Möglicherweise in einer anderen Stadt wohnen
Wir werden von Tag zu Tag
Weniger an den anderen denken
In immer weniger Situationen
Immer weniger an den anderen erinnert werden
Nicht mehr jeder Abend wird weinend verbracht

Wir werden vergessen, wie es sich angefühlt hat
Den Tag miteinander zu verbringen
Den Klang unserer Stimmen
Die Details an unseren Gesichtern
All das wird verblassen
Alles nur noch vage

Der Schleier der Zeit hat sich darüber gelegt
Über unsere einstige gemeinsame Zeit

...

Mit gedimmten Hintergrund
Werden wir neue Geschichten schreiben
Ohne den jeweils anderen

Irgendwann wird es weniger weh tun und
Danach werden wir uns komplett verloren haben
Mit dem ersten Jahr
Werden viele weitere folgen

Es wird so schnell passieren
Dass wir es gar nicht bemerken
Und plötzlich

Ist es ganz normal
Dieses fremde
Neue
Leben,
Welches unser Zuhause sein wird

Das Leben ohneeinander

In der Hoffnung, Dir nochmal zu begegnen
Laufe ich auf unseren Wegen
Laufe sie auf und ab
Fahre auf ihnen mit dem Rad
Um effizienter zu sein

Wie viele Runden um den Glücksbaum
Soll ich noch gehen?
Bis ich das Glück habe auf Dich zu treffen?
Du kannst das Glück nicht erzwingen
Genauso wenig wie den Zufall
Pflichtet mir die Vernunft bei

Und ist es wirklich *Glück*, Dich zu haben?

Während ich weiter nach Dir suche
Und niemals fündig werde

Das einzige was ich bekomme
Von der ganzen Bewegung

Ist Hunger

(Nach Wärme und Liebe. Unauffindbar bei Dir.)

Nach
genau 365 Tagen
ungefähr 100
oder auch mehr
Mangos
So ziemlich viel
zu vielen
Grübeleien und
Nächten in Salzlake

Kann ich sagen,
dass ich Dich immer noch
vermisse

Fürs Lösen von Dir
gibt's keine Lösung

Ob sich das X bald von alleine findet?

(Nichts findet sich von alleine,
also begebe ich mich auf die Suche danach,
was im Leben wirklich wichtig ist.)

Es hat gedauert
bis ich verstanden habe,
dass nicht Du es bist,
was ich nicht loslassen kann
Sondern die ungeklärten Dinge,
die hängen noch an mir dran
Sie lassen mich nicht los,
das ist das Schwierige daran
Denn die Aufklärung bleibt aus und
sich um ihre eigene Achse drehende Gedanken
machen mir den Garaus

(die Erde ist mein Vorbild –
einfach nichts anmerken lassen,
bei ihr funktioniert es ja auch)

Branderde

Hast gesagt, dass wenn ich bei Dir bin,
es Dir wie ein inneres Mangopflücken erscheint

Nun ist es so,
dass mein Wald von Mangobäumen
nicht mehr existiert

Kahl gerodet
Kaputt generiert

Weder bunt noch Obst
Die einstige tropische Frische
ward ertrunken,
starb sacht und heimlich
ihren inneren Tod

(Bereit für die nächste Ernte)

Vergissunsnicht

Ich wünsche Dir Träume,
zuckersüß wie Zuckerwatte
Die in der Nacht und die sobald Du erwachst
Warme Gedanken und wenn sie das nicht sind,
dann wünsche ich Dir jemanden, der sie wärmt
Ich wünsche Dir deine eigene Familie,
eine wunderbare Frau, Kegel und Kind
Einen bunten blumigen Garten,
die Kraft immer weiter zu machen
Erfüllung, Motivation, Glück
Vertrauen in andere und vor allem in Dich selbst,
feinsten Kuchen und Zufriedenheit, Stück für Stück
Ich wünsche Dir wirklich nur alles Gute dieser Welt

(Wasichdirnochsagenwollte)

Voll verliebt
angelogen
haben mich Deine Augen
und als sie bemerkten,
es gibt nichts mehr zu holen,
keine Vorteile mehr gesichtet,
haben sie ihren Blick ganz schnell wieder
woanders hingerichtet

Als wären wir beide nie gewesen oder:
eine fremde Geschichte

Als ob ich mir alles eingebildet habe,
das Resultat nur eine weitere Narbe
Mit Blut befleckt,
äußerst großflächig hat sie sich erstreckt

Ich habe immer an uns,
bis zum bitteren Schluss, geglaubt
Doch mit einem Mal hast Du mir
das allerletzte Schimmern geraubt
Wie kann es sein, dass Du mich nicht vermisst
Ich könnte dafür schreien, dass Du mich vergisst

Wieso bist Du weg, wenn Du meintest ,
Du würdest immer für mich da sein
Darf ich meinen Gutschein
jetzt noch einlösen?
Darf ich mir meine tägliche Dosis
"Du bist nicht allein" bei Dir abholen?

(Insgeheim weiß ich:
Dein Versprechen erfolgt weder morgen
noch übermorgen, weil es kein Versprechen war)

Wenn Du stolz bist,
dass Du mich zerbrochen hast,
so kann ich nur stolz sein,
dass ich Dich überlebt habe
(denn Du hast mich nicht zerbrochen)

Vermisse unsere Abende
mit schwarzem Tee und Milch und Zimt
Nach einem ausgedehnten Spaziergang
immer der Nase nach entlang
im so orangedurchfluteten Wald
Wenn ich daran denke wird mir warm und kalt
um und in meinem Kopf,
der loslässt, während er festhält

Vermisse den Zeitpunkt
zwischen meiner ersten Notiz, dass es Dich gab
bis zu dem Teil bevor du verschwandest

Vermisse die Verwandtschaft
unserer Seelen,
die ich so fest annahm

Vermisse im Prinzip nur etwas,
das sich mir mein Wunschdenken
zusammengebastelt hat

Von Pinguinen & Seepferdchen

Wir dachten,
Pinguin-Pärchen würden auf ewig beieinander bleiben
und wir dachten,
wir wären so wie die Pinguine

Wir waren tatsächlich
so wie die Pinguine -
nämlich nicht ein Leben lang
füreinander da

(Ich bin mir sicher,
die Seepferdchen-Zeit kommt noch für uns beide)

Ein vorletztes Mal

Du weißt schon, dass Du Depressionen hast
hast Du gemeint
Währenddessen saßen wir auf dieser Bank
vor dem leckersten Eis unserer Stadt
Ich habe nichts weiter gesagt, einfach nur geweint
In mir drin nichts weiter als das Nichts,
nur ganz kurz drücktest Du meine Hand
die da lag in Deiner Hand
Jäh drücktest Du mir dann einen Beutel in meine Hand
Den "Überbleibsel-Dinge"-Beutel,
damit der Rest von mir nicht mehr so
in Deiner Wohnung herumliegen muss
Wie schön, dass es mit uns so reibungslos klappt
Cremes, Wattepads und vor allem
Damenhygieneartikel
Kann ich damit auch das Blut auffangen,
welches nun aus meinem Herzen tropft?
So unkompliziert geht das also,
das mit unserem Schluss

...

An diesem entsetzlichen Tag
musste ich mich ehrlich überwinden
nicht laut durch die Straßen zu schreien
um jedem mir entgegen kommendem Gesicht
zu klagen, wie unfair alles ist
Dabei war gar nichts unfair,
das Schicksal wollte mich lediglich
darauf aufmerksam machen,
dass ich auf den falschen Pfad gelandet war,
es wollte mich vor weiteren
fataleren Fehlern bewahren

Schade, dass niemand weiß,
dass Du dein Hobby zum Beruf gemacht hast
Niemand wird je erfahren,
dass ich Dein Objekt gewesen bin,
an dem Du Szenarien und Gespräche simulieren konntest
Kann man sich wirklich gut dabei fühlen,
anderen das Lügen beizubringen?

(Kurze Beine)

Wir können nicht nur einen
auf heile Welt machen,
hast Du mir gesagt und
mir Deine kaputten Seiten offenbart
Natürlich bin ich bei Dir geblieben,
weil ich nichts anderes tat
als Dich zu lieben
während ich meine eigene dunkle Seite
weiter schleppte,
ohne zu wissen,
dass ich meine eigene, heile Welt
niemals mit Dir finden würde

Wenn das Herz einen Stein fallen lässt

Mein größter Fehler war es
nichts zu tun, nicht mit Dir zu reden
Ich hatte mich zu sehr daran gewöhnt
nicht zu reden
Ein paar wenige Worte
hätten Großes verändern können
Es tut mir Leid
Du tust mir Leid
Das mit uns tut mir Leid
Ich möchte mich bei mir selbst entschuldigen,
weil ich gehofft habe
Bis Weihnachten: alles wieder gut
Du wieder da, ich wieder bei Dir
So könnte das doch gehen,
doch mein Gehirn wollte nicht verstehen
dass Dinge abgeschlossen werden müssen
Ob ich will oder nicht
Trotzdem: für mich war ein Teil von Dir präsent,
weil Du immer noch ein Teil von mir bist
So sehr, dass es schmerzt,
weil ich Dich spüre und zugleich nicht sehen kann
Du stehst nicht vor mir, so wie früher
Wir backen nicht mehr zusammen süße Kuchen

und lachen nicht mehr über unsere Witze,
über unseren eigenen Humor
Ich könnte jetzt eine ganze Liste schreiben
mit Dingen die wir nicht mehr tun
Weil es kein "wir" mehr gibt
Wir sind weg
Aufgelöst
Ich schreie, weil ich diese Zeit zurück haben will,
daraufhin schreie ich mich selbst an
und sage mir: bisher ist es noch niemandem geglückt in
die Vergangenheit zu reisen
und höre bitte auf,
dich so anzuschreien
Lass Geschehenes ruhen und du wirst sehen:
es klingt wieder ab, alles wird ruhiger
Niemand spricht vom kompletten Vergessen,
behalte das bei Dir,
was du gerne behalten möchtest
Bewahre es als Erinnerung, als Schatz der Zeit
und du wirst sehen: es wirkt Wunder
Es fühlt sich erleichternd an,
es erleichtert -
Bist du bereit?

(Befreit)

Als wir am Gelände
unseres Stadtteiches lehnten
flüstertest Du mir ins Ohr
"Wie auf der Titanic"
und ich dachte, wir hatten einen Moment
Obwohl sich in meinem Inneren bereits
ein dumpfes Gefühl breitmachte
Der Eisberg schon in Sicht

(Ich wusste bloß noch nicht,
dass Du mich zum Sinken bringen
würdest)

Das kurze Video von Dir
auf dem es regnete
Nur 2 Sekunden war es lang
und es lief auf meinem Smartphone in Dauerschleife
Regen
Regen
Regen
ohne Ende
Trübsinn
den Du mir übergabst
ohne, dass ich es bemerkt hatte
war er in mein Blut übergegangen
Erst mit dem Video wurde mir klar,
wie energetisch raubend
Dein innerer Kern gewesen war

Klingelstreichgedanken

Etwas über zwei Jahre war es her,
als ich Dein Klingelschild ein letztes Mal sah
Und heute,
da spielt mir mein Traumdenken,
wohl eher mein Alptraumdenken,
einen Streich
Denn die Namen da an Deinem Haus
klingen nicht mal annähernd
Deinem Namen gleich
Beim kurzen Betrachten
Deines Fensters
musste ich daran denken,
wie ich dort immer hinausgestarrt habe

Ich musste an all das Gute
und Schlechte mit Dir denken
Dein Auto stand nicht mehr vor dem Haus,
weil du anscheinend nicht da warst
Wieder mal
Übers Wochenende weg
Wie damals:
Nur da, wenn Du mich oder etwas von mir
gebraucht hast

...

Die ersten Schritte lang macht sich ein
Gefühl von Unwohlsein
in mir breit
Genau das gleiche wie früher
und früher trug ich es noch
weit, weit, weit
in meiner Magengrube spazieren

Auf meinen Schultern und in meinem Herzen,
mit dem Gedanken Du wärst der einzige Mensch
Auf dieser Welt
der mich hält,
obwohl Du das immer nur gepredigt hast

Während ich laufe und laufe

Ich muss lächeln und höre auf zu gehen,
als ich meinen eigenen Nachnamen auf dem Klingelschild
stehen sehe

Du bist nicht mehr da
und ich an einem besseren Ort
Der Ort wo ich jetzt bin,
wo ich wirklich aufgegangen werde,
wo mir die Auffangdecke aufgespalten wird
ohne mir das vorher anzukündigen

Die Erinnerung an uns
nichts weiter als
Haftnotizzettelkleber,
der schwächer wird und verblasst
und loslässt und fällt

Es ist halb 4 in der Früh
und ich suche in Anzeigen nach Deiner Wohnung,
weil ich mich frage, ob Du dort noch wohnst

Ich weiß, das ist irre,
denn Du fragst dich nicht mal wie es mir geht
und ob es mich überhaupt noch gibt

Deine Wohnung ist frei,
sie wurde vor sieben Tagen gelistet,
inklusive Deiner alten Küche

Es ist komisch sie ansonsten so leer
auf den Fotos zu sehen und darüber nachzudenken,
wie unendlich viel Zeit ich und wir dort verbracht
haben

Die Wohnung ist leer,
bis auf Deine Küche
und den unendlich vielen Lügen an der Wand

- am Tag meiner Wohnungsbesichtigung

Meine Seele, der Porzellanladen

Teil 3 - Lebendig

Wenn Scherben mit goldfarbenem Kleber zusammengehalten werden

Wenn interstellare Materie in Turbulenzen gerät und so
Sterne entstehen,
müsste dann nicht auch aus uns
etwas wunderbar Wundervolles werden?

(Es müsste nicht nur, es ist bereits passiert.
Du bist wundervoll.)

Das kleine Schiffchen trägt den Namen Zuversicht
Wohin es fährt?
Das weiß ich zwar nicht,
Steige dennoch ein
Wenn ich ganz fest daran glaube,
so bringt es mich heim

Herzgedanken

Ich lag da und wollte nicht einschlafen,
weil ich lieber an all das Schöne dieser Welt,
an alle meine Träume
denken wollte
Mein Herz donnerte ganz laut von innen,
so als wollte es mich darauf hinweisen,
dass es noch sehr wohl funktioniert
Dass es noch vorhanden ist
Mein Herz und ich - wir waren uns einig

(Gemeinsam in den Schlaf wanken)

Theresa Einenkel

Still sein
ist gut
und in Ordnung

Das schreibe
ich mir auf bunte Zettelchen,
verteile sie in meiner Wohnung,
klebe sie an den Kühlschrank,
an die Wände in meinem Zimmer

Damit ich mir zu jeder Zeit
an jedem Ort deutlich machen kann:
Still sein
ist nicht schlimmer
als laut zu sein,
es ist nur eine andere Form von
genau richtig so

Still ist genauso richtig wie laut,
laut ist genauso richtig wie still

Wir sind genauso
wie wir sein sollten,
schreibe ich auf einen weiteren Zettel
und klebe ihn auf meinen Spiegel

Wischen und weinen

Fehlende klare Sicht
Durch meine Brille
Auf mein Leben

Versuche zu putzen
Die Krümelchen zu beseitigen
Alles so hartnäckig

Da ein wenig polieren
Hier etwas Staub abklopfen
Freue mich, alles wiederzuerkennen

Und *schwups*
Ein erneuter Schmierfilm
Völlig ohne Grund

Brillen verschmutzen
Ohne Regel und Verstand
Kommt und geht die Depression

(Niemals weg – zumindest ist sie selbst dieser festen
Annahme und damit absolut im Unwissen)

Damals
in kindlicher Haut,
da habe ich gedacht,
dass Erwachsene immer alles richtig machen
Heute
weiß ich, dass ich es damals nicht besser wissen konnte

Mir wäre alles andere lieber als hier und das
lieber kopflos ins Chaos
statt Schwere, mit Blei gefüllte Leere
Lieber mit Klamotten Hals über Kopf
ins glitzernde Wasser
pitsch und patsch und alles nass
Das wäre schon dezent krass
Jedoch:
stattdessen nichts, verschwommene Sicht
keine Regung in meinem Gesicht,
es ist so trostlos und mondähnlich blass
Das Nichts ist das einzige, was ich fühle
wenn ich allerdings mit meinen Gedanken spiele und
diese mir ausmalen, was ich mir wünsche
mir Hoffnung schenken
und ermutigende Sprüche -
solange ich dieses wertvolle Gut noch besitze
solange ich mir selbst nicht
den rettenden Anker stibitze
solange werde ich daran glauben,
dass ich wieder zu reparieren gehe

Wie schnell doch alles geht
Wie schnell alles vergeht
Wie schnell sich die Welt trotzdem weiter dreht
Wie schnell sich ein neuer Samen sät
Wie schnell Neues entsteht

(Ehe du Dich versiehst)

Selbst wenn es nur ein halber Tag ist, an dem Du
glücklich bist, dann genieße ihn so, als wäre es ein
ganzer. Schmier Dir ein Erdbeer-Marmelade-Brot mit
Honig und Schokoladenaufstrich und Erdnussbutter und
pack auch alle anderen leckeren Sachen dieser Welt
darauf und behalte Dir diesen Geschmack im Mund.
Vielleicht ist es doch etwas übertrieben, etwas zu viel des
Tollen, aber es geht ja nur ums Prinzip.

Und wenn Du schon beim Aufstehen bemerkst, dass der
Tag eher so lala wird und Du am liebsten in den Albtraum
zurück willst, von dem Du eben geträumt hast, weil der
immer noch viel besser ist als die Realität, lass es Dir gut
gehen. Sei gut zu Dir selbst. Verwöhne Dich, weil Du es
verdient hast. Wenn Dir nicht nach rausgehen ist, dann
geh trotzdem raus. In den Wald. Für mehrere Stunden.
Ein Schritt nach dem anderen und noch einer und noch
einer. Spürst Du wie Dein Herz schlägt? Es schlägt
unerbittlich nur für Dich, weil es Dir auf ewig treu sein
mag und weil es Dich liebt.

Notiz für Dich: Zaubere Dir selbst ein Lächeln ins Gesicht
und zeige Dir wie wichtig Du Dir bist.

Noch nicht mal schlägt es Geisterstunde
da überlege ich schon
mich hypnotisieren zu lassen
um bald alles besser
auf die Reihe zu bekommen

Dieses Leben, leben, fühlen, loslassen

(Offene Gedankenschleifen schließen)

Du bist nicht so sensibel wie Du immer denkst.
Es kann einfach nur sein,
dass es in Deiner Umgebung
ziemlich viele Menschen gibt,
die gern Zwiebeln schneiden :)

(und selbst
wenn Du sensibel bist,
so ist das auch vollkommen okay)

Andere gibt es genug

Ich frage mich tagtäglich
wieso meine Angst, andere zu verlieren
nie bei den anderen so präsent zu sein scheint
Keiner hat Angst mich zu verlieren
Hat mich jemand verloren: kein Problem
Haben andere andere verloren: Drama
Habe ich jemanden verloren: Weltuntergang
Diesen Gedanken halte ich nicht aus,
er ist gar unerträglich
Für mein eigenes Selbst nichts weiter als schädlich
Ich frage mich, wieso niemand wissen will wie es mir geht
und es sich immer nur um andere dreht
Wer sind überhaupt diese anderen?
Oft stelle ich mir die daraus resultierende Frage:
Was haben andere, was ich nicht habe?
Sind sie besser, schöner, schlauer, lustiger, oder gar
grünäugiger als ich?
Wieso wird für andere alles stehen uns liegen gelassen,
wieso wird in anderen mehr gesehen als in mir
Wieso bin ich allein und niemand hier
Vielleicht ist das Problem, dass ich zu viel in anderen sehe,
und dafür zu wenig in mir selbst

(Sich selbst vertrauen)

101

Wo wären wir,
wenn Materialismus
nicht das Statussymbol
der Menschheit wäre

Wo wären wir,
wenn wir uns stattdessen gegenseitig
mit Zuversicht und Sanftmut auffüllen würden

Wo wären wir morgen,
wenn wir heute genau damit anfangen würden?

Meine Angst, und das muss ich ihr ehrlich lassen, ist treu. Sie steht mir in nahezu jeden Situationen bei.
Gut, bisweilen ist sie ein wenig übervorsichtig, doch will sie mir nie etwas Böses.
Sie möchte mich lediglich beschützen und warnen.
Ich werde mit ihr demnächst darüber sprechen, sie umarmen und ihr sagen, dass es manchmal keinen Grund gibt so zu reagieren, wie sie es bisher getan hat.
Nicht alles ist gefährlich.
Nicht jeder ist gefährlich. Wir müssen uns nicht immer das allerschlimmste ausmalen, was mit hoher Wahrscheinlichkeit sowieso nicht eintreten wird.
Wir werden daran arbeiten. Sie an sich und ich an mir.
Wir beide zusammen, Hand in Hand.

Das ist immer leichter, als gegeneinander zu sein.

Ausatmen...

Ich schreibe
Schreibe
Schreibe mir die Seele aus dem Leib

Aus meinem mit Dunkelheit durchtränktem Leib
Die von Dornen durchgestochene Seele,
Zuhause innerer Verletzungen

Fast müsste ich anfangen zu verbluten
Doch ich schreibe
Schreibe schreibe schreibe

Ich schreibe weiter
Um zu atmen
Um zu laufen
Um zu leben

(Meine Art zu schreien)

Theresa Einenkel

...einatmen

Ich lese
Lese
Lese um abzutauchen

In eine Welt fernab von dieser
Dort wo ich einen Boden unter den Füßen habe
Wo es so etwas wie Vertrauen,
Ehrlichkeit, Hoffnung gibt

Ich mag es, wie mir gezeigt wird,
Dass selbst in einer zerbrochenen Welt
Alles möglich ist
Am liebsten würde ich mich dort verlieren
Wunder können geschehen,
In Worten sehe ich sie stehen - schwarz auf weiß
Der nach frischem Druck riechende Beweis

(Meine Art zu meditieren)

Aufgewacht

Alles eine Sache der
Perspektive
Sichtweise
Einstellung

So werden aus Mond-Ohrringen
ganz leicht
Croissant-Ohrringe

Croissants auf dem Mond essen

Guten Morgen

Starren auf Bildschirme
während die Zeit vorbei rast
das Leben vorbei rast
die eigenen Gedanken vorbeirasen
und am Ende nichts mehr bleibt
Starren auf Nachrichten
die uns bei Weitem nicht guttun
von Menschen
die uns nie etwas Gutes wollten
und vergessen dabei uns selbst
und all das
was unserem Herzen guttut

Wollen wir das wirklich zulassen?

Date mit dem Mond

Genau in diesem Augenblick
ist der Mond näher dran an mir als Du
Nein, dieser Gedanke ist nicht verrückt,
denn er schaut mir beim Weinen zu
Der Mond sagt mir nie ich wäre zu viel
Er sagt mir nie, dass ich übertreibe
So oft spielten wir schon das
"wir beobachten uns gegenseitig"-Spiel
Es gibt Zeiten, da muss er auf die andere Schattenseite,
jedoch verschwindet er nie für immer
Nachts ganz besonders steht er mir bei
Er hat schon so viele weinende Gesichter ausgehalten
Oh, welch herzzerreißendes Gewimmer!
Jahre und Jahrtausende
Wenn sonst nichts mehr scheint,
so werde ich selbst in tiefster Dunkelheit
aufgefangen von einem scheinenden Netz
Der Mond schenkt mir Halt in meinem haltlosen Jetzt

Wir sagen Dinge nicht „einfach so"
niemals tun wir das
Hinter jedem Wort
das wir aussprechen
steckt ein großer Funke Wahrheit

Es muss nicht unbedingt dieses Glücklichsein sein.
Für den Anfang reicht es mir aus
etwas zu fühlen,
was jenseits von
Traurigkeit,
Angst
oder Hoffnungslosigkeit
liegt.
Einen Tag nur.
Für den Anfang.
Ich glaube daran,
dass dieser Tag nicht so weit entfernt ist,
wie ich es zurzeit denke.

Stell Dir vor es gäbe keine Nacht
Wir wüssten nichts über Sterne und andere Welten
Nun stell Dir vor es gäbe nicht diese entsetzliche
Dunkelheit in Dir
Du wüsstest nichts von Deiner unglaublichen Kraft
Auch wenn Du denkst Du bist allein - so glaube mir,
Dir geht es haargenau wie mir
Letztendlich sind all diese hellen Punkte doch wir
Wir mit unserer eigenen inneren Stärke,
der sterngleichen Helligkeit,
die genau jetzt leuchtet so weit

Nachts, wenn es plötzlich laut wird

Wenn Nachts mal wieder alles ruhig ist, fein und
friedlich schlummert.
Wenn es nur Deine Gedanken sind, die nicht aufhören
können Krawall zu machen.
Wenn Du mit inzwischen eingetrockneten Tränen in
Deinem Bett liegst und nicht einschlafen kannst,
weil es viel zu laut ist.

Dann sei Dir gewiss, Du bist nicht allein.
Am anderen Ende der Stadt liegt jemand, dem es so
ähnlich geht wie Dir.
Genau in dem Moment denkt er, dass es bestimmt
jemanden gibt, dem es so ähnlich geht.

Wenn Du von etwas träumst, von dem Du nicht
träumen wolltest, weil es Dich wieder erinnert und
aufwühlt.
Wenn Du deswegen ganz durcheinander aufwachst
und es wieder anfängt.
Das Chaos, der Schmerz.

Dann sei Dir gewiss, Du bist nicht allein.

Am anderen Ende der Stadt liegt jemand, der nun auch aus dem Fenster, hinein in die Dunkelheit, schaut und anfängt zu weinen.
Ihr teilt euch jetzt euer Leid.

Und wenn Du denkst es wird nie wieder alles gut, weil Du schon mehr als zu oft auf den Mond gestarrt und Dich allein gelassen gefühlt hast.

Dann sei Dir gewiss, dass sich ab nun alles ändert.

Schon heute kann der Tag sein, ab dem alles besser wird und die Spitze des Tales endlich erreicht ist.

Am anderen Ende der Stadt wächst nun ein kleiner Lichtball in die Nacht hinein. Er wird sich mit Deinem Lichtball zusammentun und wachsen und schon ganz bald wird die Schwärze viel weniger intensiv sein.

Bis ein ganzer Ozean an gleißenden Funken entsteht und ein bis weit in den Himmel reichendes Feuerwerk erstrahlt.

Die Flügel in mir sind viel zu stark,
um jemals mit dem Fliegen aufzuhören
Sie fliegen, fliegen
bis zur Kármán-Linie
und darüber hinaus
Bis in das Zentrum der Milchstraße,
die nach Himbeere schmeckt
und mit einem Himbeershake
in meinem Kopf
mache ich weiter,
weil allein das Grund genug ist
weiter zu machen

"Was findest du so toll an Poesie?",
hatten sie mich gefragt
und ich antwortete,
dass Poesie mich versteht,
Poesie war da für mich, als es niemand sonst war
und als ich selbst nicht genügend für mich da sein konnte

Lebensattacke

Ein Weg durchzogen von Erinnerungen,
zieht sich und zieht
die Gedanken durch alle Windungen
Anstauen am Fuße des Berges;
Anstrengung
Hitze
Herzgehämmer
Dann der entsetzliche Ausbruch
Das war's, das muss das Ende gewesen sein
Da, ein bisschen Luft!
Das reicht mir nicht!
Mehr, mehr, mehr! Gib mir schnell mehr davon!
Ein erschütterndes Schreien
Kam das wirklich von mir?
Etwas zittert. Zwei Beine.
Sind das wirklich meine?
Die Umwelt nicht mehr echt
Ich werde sterben
Das wäre schlecht
Denn neben mir stehst Du
Und ich will noch nicht geh'n

...

116

Klammere mich an Dich
Schreie
Wie ein kleines, hilfloses Kind

Versuche wieder zu atmen
Schreie wie ein frisch geborenes
Leben
Fließt durch meine Lungen
Luft
Einatmen und ausatmen
So langsam im richtigen Rhythmus
Im Lebensrhythmus

(Wenn der Körper für die Psyche spricht -
bitte hilf mir)

Was Du mir zu viel gabst,
schenkst Du mir zu wenig
Während ich Dein Mittelpunkt war,
liegt Deiner woanders
Du konntest nicht ohne mich,
Du jedoch sehr gut
Dir war jede Sekunde mit mir wichtig
und Du lässt eine nach der anderen
ohne mich verstreichen
Ich sage ich bin nicht anspruchsvoll
und doch bin ich nie zufrieden
War es mit Dir nicht
und bin es mit Dir nicht
Dich habe ich zu oft gesehen,
Dich würde ich gern noch öfter als oft sehen
Es ist ein ständiges Vergleichen
War ich Deine Nummer Eins,
so bin ich nur eine Möglichkeit für Dich
Ich wollte weder Dich, noch will ich Dich
und ganz anders betrachtet möchte ich euch beide
Nun stehe ich da, im Regen
Begossen von meinen eigenen Tränen
und habe gar nichts

...

Theresa Einenkel

Ich weiß, dass mir niemals jemand gehören kann
Und doch fehlt mir diese eine Hand in meiner eigenen
Welche es ist, vermag ich nicht zu sagen
Ich nehme Deine Hand in meine eine Hand
und Deine in meine andere
Ich drücke nochmal etwas fester zu

Und lasse beide los

Badewannen-Blues

Wenn sich Geschehenes, egal ob ich jetzt glücklich bin
oder nicht, eh nicht ändert, dann kann ich auch gleich
glücklich sein. Oder etwa nicht?
Ich kann, anstatt mir eine Badewanne voller
Selbstmitleid mit einem Zusatz aus Hoffnungslosigkeit,
lieber gleich die pure Wärme einlassen. Die färbt das
Wasser knall-orange und duftet nach Mango und
exotischer Freude.

Leider ist das alles andere als kein Hexenwerk.
Wenn ich eines schönen Tages aufwache und grundlos
glücklich bin, dann bin ich es stets mit Vorsicht.
Wie bröckelig und wackelig dieser Zustand ja ist -
stehend und wankend auf einem viel zu instabilen
Grund. Die Freude. Das Glück. Wie schnell es sich
wieder verflüchtigt, weil ich es nicht festhalten kann.
Zu oft kann ich es nicht in vollen Atemzügen genießen,
weil ich weiß, dass es eh nur kurz vorbeischauen
wollte.

...

Wenn das Glück sich so gerne wieder verabschiedet,
dann wird es nach allen stochastischen
Gesetzmäßigkeiten auch mal sein Gegenstück tun.
Und wenn es nicht will, so verabschiede ich es selbst.
Ich sage der Traurigkeit freundlich "Auf Wiedersehen
und bis zum nächsten Mal", nur damit sie beim
nächsten Mal nicht ganz so sehr mit ihrer ausgereiften
Wucht zuschlägt.

Ich würde meine Arme am liebsten stets ausgebreitet
lassen, damit das Glück gern zu mir kommt.
Allerdings: das Risiko ist zu groß, dass sich etwas
anderes darin verfangen könnte.

Die Versuchung es doch zu tun, die Hoffnung zu
riskieren, ist stärker.

Wolkenkuchen

Heute hätte Deine Oma Geburtstag gehabt.
Hast Du ihr einen Kuss in den Himmel geschickt?

Nicht nur einen. Sogar einen ganzen Kuchen!

Das geht?

Das geht! Ich habe es mir ganz fest vorgestellt.
Alles kann funktionieren.

(06.10.)

Theresa Einenkel

Über die Leichtigkeit des Sommers

Ich wollte immer, dass der Sommer vergeht
Der Sommer mit all seinen hellen Tagen
Mit dem lieblichen Duft von Rosen
Konfetti verteilenden Blumen im Garten
Diese Jahreszeit in der alle glücklich sind
Weil sie von den Sonnenstrahlen gekitzelt werden

Die Summe dessen war mir zu gegensätzlich
Für mein trauriges Gemüt
Wollte es passender
Wollte Dunkelheit und Kälte
Wollte mich davor verstecken
Ehe ich mich versah war der Sommer verblüht

Ehe ich mich darüber freuen kann, fange ich nun an
Über vergangene Tage zu sinnieren
Dabei denke ich an jedes einzelne Eis
Gehe weiter in meinem Kopf spazieren
Entdecke grüne Wege
Glück verteilende Schmetterlinge

Und ich versuche zu vergessen,
Dass ich den Sommer vermisse

Und ich weine, weil gerade alles irgendwie weh tut
Und ich weine, weil gerade alles irgendwie raus muss
Und ich weine und es wird niemals jemand erfahren,
dass ich heute Abend um halb Neun geweint
und dabei meine Lichterkette beobachtet habe
Manchmal ist das so
Da gibt es diese Momente, in denen wir einfach nur
alleine daliegen und weinen
Und allerhöchstens das zart scheinende Licht
einer Lichterkette schaut uns dabei zu

So fahren wir
auf unseren Gleisen entlang
mit eigenen Signalen
und Weichen dir nur wir kennen
weil das hier unsere Welt ist

        So fahren wir
        bis zum Mond
        einmal drumherum
        und durch unseren Weltraum
        wo die Sterne uns den Weg zeigen

                So fahren wir
                wieder zurück
                mit dem Wissen, dass wir uns haben
                und uns eine ganze Galaxie verbindet,
                die nur wir beide entdeckt haben

Wärme - auch bekannt als Hoffnung

Später Augustabend, Flügel auf dem Marktplatz
All das was ich bereits habe,
das ist ein ganz ganz großer Schatz
Milde Luft legt sich auf meine Haut nieder,
wie ein schützender Mantel
Die Zeit hält kurz an, die Gegenwart so viel stärker
als jeder Schmerz erfüllende Wandel
Fühle mich als hätte ich Flügel,
muss sie nun nur noch benutzen
Möchte sie ausbreiten,
um meinen Körper legen und mich damit beschützen
Möchte sie noch ein wenig mehr ausbreiten,
weit weit aufspannen

und einfach losflattern

Du bist so tapfer
Nur weißt Du es noch nicht so richtig

Meinte meine Mama

(Du musst nicht
ein griechischer Dichter sein,
um kräftigende Worte zu sagen)

Es ist zu viel passiert,
viel zu viel Last getragen,
viel zu wenig vom Leben mitbekommen

Während ich tagelang an die Wand gestarrt hatte,
ohne dabei auch nur einen Finger krumm zu machen
ist es an mir vorbeigezogen,
dieses Leben

Ob ich das alles je nachholen kann?
Schwierig
Denn Zeit verstreicht
und kommt niemals zurück

Ob ich jetzt noch etwas ändern kann?
Auf jeden Fall
Denn zu spät gibt es nicht,
Wege können jederzeit
(neu)gegangen
gewechselt
verlassen
werden

Was auch immer

Herbst bedeutet nach Dir strömende Sehnsucht
Friedliche Zeiten und kraftvolle Ruhe
Der Teil von mir, der immer nach Dir sucht
Oh nein, davon werde ich nicht müde

Einen Grund dafür gibt es nicht
Keine logische Erklärung
Dennoch schreibe ich dieses kleine Gedicht
(Oder was auch immer es ist)
Um Unerklärbares festzuhalten

Smoothie im Kopf

Bananen waren das, was Du nicht mochtest
Eine schwarze Lederhose war das,
worin Du mich sehen wolltest
und schön enganliegend sollte alles sein

Du warst das, was ich viel zu sehr mochte
Die jeansfarbene Hose, in der ich mich so wohlfühlte
war anscheinend nicht die Hülle, die Du wolltest
Dein Herz für mich war anscheinend zu klein

Lange Fingernägel waren Deine Vorliebe
Meine Vorliebe warst Du, Dein Humor,
Deine Gutmütigkeit
währenddessen schriebst Du mit anderen -
die ganze Zeit

So schätzte ich Dich zu Beginn ehrlich nicht ein und
Dein "Es muss schon passen" war dezenter Quatsch,
Denn ich sage auch nicht zu Dir
"Du passt nicht zu mir,
weil Du keine Mangos magst."

(der Obstsalat in meinem Kopf
wird vom vielen Denken zu Matsch)

Jedes
Bloßstellen
in der Kindheit
kommt als
einzelne
Träne im Jetzt
zurück
Umso wichtiger ist es,
dass Du
ganz gut,
so gut es geht,
auf Dich aufpasst

Ineinander greifende Leere und Sinnlosigkeit
wie zwei sich einander stützende Zahnräder
Frage mich nach der Wahrhaftigkeit
meiner Existenz und ob sich jemals etwas ändert
Die Welt um mich herum ist ein anderer Kosmos
als meine kleine eigene Welt, in der ich alleine
verweile und es keine Verbindung nach draußen gibt
Weil ich nicht weiß wie das Ganze funktioniert
weil ich wortlos,
fast schon apathisch meine Tage verbringe
Weil ich fast schon vergessen habe
wie sich all diese Freude im Bauch anfühlt
Weil ich jeden Tag mit diesem Fremdgefühl ringe,
welches mir den Glauben schenkt,
dass der einzige Fremdkörper im System ich sei
Nicht dazu passend und ungelenkt
geschleudert durch die Galaxie
In einer mit Vakuum gefüllten Kapsel
Alles ist zu weit weg von Sternen und Sonne
Fühle mich so verloren, so wie noch nie
Was ich mache, ist zu warten
auf den Planeten der Heimat
und dass ich endlich ankomme
Versuche, die Maschine neu zu starten...
(denn Neubeginne gehen immer)

Abendgedanken Part I

Die Lebendigkeit der Gasse
ist die Leere in mir drin

Die Menschen
die sich lautstark unterhalten
fröhlich ihre Desserts verspeisen
wissen nicht mit welch leerem Blick
ich sie durchschaue
ohne jegliche Ahnung
wie es funktionieren kann

Dieses unbeschwerte Dasein
welches alle hinzubekommen scheinen

Ob Du auch von mir träumst?
Traurig bist, dass Du Zeit ohne mich versäumst?

Ob Du auch zu oft an mich denkst?
Dabei betrübt Dein Köpfchen senkst?

Ob Du Dich fragst, wie es mir geht?
Während Tränen fließen, weil alles vergeht?

Keine Antwort auf all diese Fragen
Möchte das, was war nicht komplett begraben
Nur ein wenig mit Erde zudecken
Ein paar Samen darin verstecken

Gespannt sein auf all das Neue
Ich stelle fest, dass ich mich darauf freue
Auf all die neuen Erlebnisse -
Dich loszulassen, das war eines der besten Begräbnisse

Mischpalette mit Emotionen

Diese Tage, an denen ich aufwache
An einem in goldenes Licht getauchten Tag
Meine Blick über angestrahlte Bäume wandern lasse
Die sind so sehr perfekt und die Natur ist es,
Die ich so sehr mag

Es ist wichtig immer einen Beutel bei sich zu haben
Wegen der Kastanien, die vom Baum fallen,
Sowie einen fluffigen Dutt zu tragen,
Wegen der Kastanien, die vom Baum fallen

Wie die Laubblätter so fühle auch ich mich,
Als würde ich fallen
Diese Jahreszeit steht für das was fehlt
Das was verschwindet, egal wie fest wir uns daran krallen
Alles wird langsamer, die Gedanken hängen an "zu spät"
Egal, zu wem es mich bisher allseits gezogen hat
Am Ende zog es mich immer in den Wald
Er klärte meinen Kopf mit seiner herrlich frischen Luft
Ertränkte all das Traurige in blättrig blumigen Duft

Der Herbst stimmt mich traurig und glücklich zugleich
Spaltet meine Substanz entzwei
Möchte, dass er endlich vorübergeht
Kann es kaum erwarten, bis er wieder vor der Tür steht

So viel

So viel könnte ich Dir erzählen,
Du mir sicher auch
Sag, spürst Du dieses tiefe Gefühl?
Es kommt direkt vom Herzen
Und versammelt sich im Bauch
Es ist das Gefühl vom unvollständig sein
Denn egal wer bei mir ist
Ohne Dich bin ich allein

(Und immer zu wenig Du)

Abendgedanken Part II

Ich liebe Spätschichten
inklusive
der sich spiegelnden
bunten
Schriften von Geschäften
in Glastüren
auf dem Heimweg
Leere Straßen
laden zum Durchatmen ein
Live-Musik fast wie Urlaub
verbreitet
leichte Sehnsucht
nach Hoffnung,
nach einem Neubeginn

11. Oktober:
Die ersten Autoscheiben in der
Innenstadt sind gefroren

Gemeinsamkeit mit Deinem Herz,
welches so väterchenfrostkalt wie
gefrorenes Glas erstrahlt

Gemeinsamkeit mit meinem Herz,
welches so zart wie dünnes Glas,
unter Deinem Druck zerbarst
(und neu zusammenwachsen konnte)

Theresa Einenkel

Warum ich mich so gerne
in meinem Schneckenhaus aufhalte

Wenn ich gefragt werde,
warum ich so still bin,
so frage ich zurück:

Warum kannst Du nicht einmal
Für ein paar Minuten
Deine Lippen schließen
Den Puls herunterfahren
Zur Besinnung kommen
Deinen Blick nach oben wenden
Dir überlegen woher die Wolken kommen
Wie sie vor ein paar Minuten aussahen
Wohin sie wollen
Nach was sie wohl schmecken würden
Nach Zuckerwatte oder eher Marshmallows
Deinen Blick wieder nach unten kehren
Den Blumen beim Wachsen zuhören
Dir ausmalen was die Raben denken
Was sie sich erzählen
Ob sie sich Witze erzählen
Und ob Du Raben-Sprache verstehst
Reicht das aus?
Oder soll ich Dir noch mehr Fragen stellen?

Zu schwach, weil ich mich gehen lasse
Zu stark, weil ich an meinem Leben hänge
Das bin ich, so ganz ungefähr

Zu sensibel für diese Welt
Diese Welt zu überfordernd für mich
Wer genau ich bin, ist mir selbst unbekannt
Mit Erklärungen jeder Art tue ich mich schwer

Mein Zuhause ist genau auf diesem schmalen Grad
Auf dem ich balanciere - eher weniger elegant -
Zwischen aufhören und weitermachen

Hab mich total verlaufen und verrannt
Alles sieht gleich aus und alles so anders
Bin in einem nicht endenden Labyrinth
Mit eingespielten Blicken von damals

Währenddessen stolpere ich mich durch all die Wege
Jedes Mal kurz davor zu fallen
Bei einer Sache bin ich wirklich sehr gut dabei:
Unermüdlich komme ich mir selbst ins Gehege

Wenn Herzen fliegen könnten,
wie weit würden sie dann fliegen?
Wie würde die Welt ausschauen,
wenn lauter Herzen durch die Gegend fliegen würden?
Wie leicht würden wir uns fühlen,
wenn wir unser Herz fliegen lassen könnten?

Sag mir,
wenn Dein Herz fliegen könnte,
wohin würde es dann fliegen?

Ich kann nicht mehr anders,
als mitten in der Nacht,
mit der Gewissheit, am Tage übermüdet zu sein,
vor Papier zu hocken
und meinem Kopf all die Wörter zu entlocken

Diese Wörter aufzuschreiben,
durch meinen Fineliner rauszuschreien,
alles erneut zu durchleben,
alle Wunden wieder und wieder aufzureißen,
um sie letztendlich wieder zusammenzukleben

Hosen-Anekdoten

Oftmals bekomme ich gesagt, dass meine Hosen kaputt sind, wenn ich kaputte Hosen trage und ob ich kein Geld für neue Hosen hätte. Das soll angeblich lustig sein. Meine Antwort darauf ist, dass ich hingefallen bin. Das soll auch lustig gemeint sein, obwohl ich damit etwas anderes meine. Was das ist, sehen die Leute nicht. Sie sehen nur diese kaputten Hosen. Über kaputte Hosen diskutiert die Menschheit von heute. Früher hätte es das nicht gegeben.
Früher wären wir froh gewesen, wenn wir uns überhaupt Hosen leisten konnten und heutzutage läuft auf einmal jeder damit herum. Früher hätte das als anstandslos gegolten.

Dabei weiß es keiner. Keiner weiß es, dass ich Hose und Seele nur im Partnerlook gehen lassen wollte. Ich bin zu oft hingefallen, doch – und das ist das allerwichtigste – ich bin auch immer wieder aufgestanden.

Geburtstagskuchenk(h)erzen

Um mich herum sind die Menschen, die ich liebe und alles was ich mir wünsche ist, nicht loslassen, nicht vergessen zu müssen.

Die Zahl der Kerzen wächst und gedeiht und führt mir schmerzlichst vor meinem Herzen, dass es niemals heilen wird. Macht doch mal bitte etwas, ihr lieben Geburtstagskuchenkerzen! Seid ihr dafür nicht zuständig? *Was sich nach einem Jahr nicht von allein ändert, ändert sich auch nach zwei weiteren nicht von allein,* flüstern sie mir zu. *Du musst jetzt selbst für Deine innere Balance sorgen.*

Ich fühle mich schlecht dabei, mein Lachen ist nicht echt zurzeit. Ich belüge sie alle, weil ich in meinem Inneren nichts habe. Meine mir eigens gestellte Falle. Das Feuer ist erloschen, so wie es das jedes Jahr aufs Neue fabriziert. Tagtäglich.

...

Ich bin mir nicht im Klaren darüber, ob ich mir die Vergangenheit zurückwünsche, auch wenn es absurd ist, oder ob es lediglich eine Erklärung ist, die mir nach wie vor fehlt. Mir fehlt so unglaublich vieles und hiermit gebe ich es offiziell zu.

Würde auch nur irgendetwas irgendetwas besser machen, so wüsste ich gern jene Rätsels Lösung.

Ich puste die Kerzen aus und versuche zu wünschen.
Ich wünsche mir nichts.
Nichts - angepasst an mein Inneres.
Nichts, weil ich ja schon alles habe.

Was ich eigentlich mit diesem Text zum Ausdruck bringen wollte ist, dass der Kuchen echt ziemlich lecker war.

Mitten auf der Kreuzung
warte ich auf grünes Licht
Dieser Verkehr, diese Hektik,
all das verstehe ich nicht
Menschen sitzen verkrampft
vor ihrem Lenkrad,
wollen so schnell wie möglich nachhause,
nur um morgen früh
wieder pünktlich
vor einer roten Ampel zu warten
und die auf der anderen Seite
zum Feierabend anzustarren
Wenn das das Leben ist,
so werde ich es niemals verstehen
Es ist grün, ich gehe auf die andere Seite,
möchte heute einen anderen Weg gehen

Als mein Herz keine Kraft mehr hatte zu schlagen,
hast Du Deines für mich mit schlagen lassen

(Zweifache Traktion)

Unsere Begegnungen waren so zufällig,
dass sie nicht zufällig sein können,
die Frage, ob das Schicksal ist stelle ich mir nicht,
mir ist nur wichtig, dass Du bei mir bist

Sobald es hell wird,
kneife ich stets meine Augen zusammen
Denn sie sind mir noch ein wenig fremd,
diese schönen Momente

(Vom langsamen Gewöhnen)

Ja, alles wird vergehen
doch wieso kann manches
nicht einfach ungeschehen bleiben

Einfach gar nicht erst entstehen…

Menschen lassen Bio-Müsliverpackungen
mitten auf dem Weg
und alte Sofas mitten im Wald liegen
Menschen denken, sie könnten über alles siegen
und sich verhalten wie sie möchten
Immer wenn ich das sehe,
sammelt sich auch ein wenig Müll
in meinem Herzen an,
weil ich nicht verstehe,
wie man die Natur so sehr verletzen kann
Ist es Faulheit?
Ist es Egoismus?
Ist es Rücksichtslosigkeit?
Ist es alles zusammen?
Was ist es, dass den Menschen antreibt
alles vernichten zu wollen?

Was kann es bitte schöneres geben,
als die kleinen Dinge im Leben?
Wir können mit Achtsamkeit
so viel mehr erreichen
als immer nur das Große zu erhaschen
Es ist ein Lächeln, das uns zugeworfen wird,
das türkisfarbene Glänzen vom Federkleid eines Raben
Es gibt so viele schöne Dinge zu sagen
und zu sehen
Wir müssen nur anfangen diesen Weg der Details
auch zu gehen

Energiespende

Wenn ich Deinen Duft schon nicht mehr zum
hinein inhalieren habe
so ist es das geschriebene Wort
welches ich nun einatme
Liebevoll von Händen zu Papier gebracht
von gleichen Seelen, gleiches durchgemacht
Sie pumpen wieder Leben
in meine von Trauer durchzogenen Venen

Dieses große Fenster
mit Ausblick zum Bahnhof
bringt mich auf den Geschmack
rauszugeh'n,
einzusteigen,
abzufahr`n
zu einem Ort, der mir selbst nicht bekannt ist,
weil ich nicht weiß,
wohin ich letztendlich gehöre,
weil ich mich vor
und auch hinter dem Fenster
fehl am Platze fühle
Wo bin ich wirklich
und wo gehöre ich am Ende hin?

Ich mag das Hupen
Vorbeifahrender Züge
Dieses doppelatmige
Es hat etwas von einem Seufzen
Hach ja
und von einem *Guten Tag*
Bin da
Bin wieder zurück
Wie ein Schiff
In seinem Heimathafen
Und alles liegt in wogenloser Ruh

(Siehst Du mich? Ich winke Dir zu)

**Und ich schick´ Dir eine Postkarte
mit der Aufschrift „Blumenstraußersatz"**

Ach wär' ich doch ein Blumenstrauß
So könnt' ich Dich erfreuen
Ich kuschelte mich an Dein Herz
Weit fernab von Grübelei und Schmerz

Deine Hände würde ich berühren
Danach kitzeln Deine Kehle
Ein ansteckendes Kichern Dir entlocken
Du - so wunderbar frohlockend

Mir gefiele Deine Wärme sehr
Himbeerrot und Mangogelb
Nur für Dich, ein Farbenmeer
Brächte Trost in Deine Seele

Sieh es als Zeichen für die Hoffnung
Als Glaube an Deine Träume
Ab ins Glück per Kopfsprung
Aufgelöst sind Zeit und Räume

Wie Gebirgszüge ziehen sich Erinnerungen
durch meine Gedanken

Scharfkantig und massiv

Das schöne dabei ist,
dass Zug nicht gleich Zug ist
und das Denken eine andere Richtung
annehmen kann

(Hab' die Weichen schon gestellt
- so wie es meiner Seele gefällt)

Der Mond ist mein bester Freund, sage ich

Kannst Du ihm sagen,
er darf gern in ein anderes Fenster scheinen
heute Nacht?

Am besten in meins?
Ich bin eh die ganze Zeit wach

Das Ganze mit Dir werde ich niemals vergessen.
Die Bandnudeln mit dem Camembert
und den getrockneten Tomaten.
Wie wir zusammen auf Deinem Sofa saßen
und *Kokowääh* anschauten.
Wie wie andauernd zurückspulen mussten, weil wir etwas
Wichtiges verpasst hatten. Weil unsere Augen mal wieder zu
lange aufeinander geruht hatten.
Unsere Hände wie Efeuranken miteinander verschlungen.
Wie wir uns nicht mehr losließen, vergesse ich auch nicht.
Genauso nicht, wie ich meinen Kopf auf Deinen legte, weil
Deiner plötzlich auf meiner Schulter ruhte.
Mein Kopf auf Deinen weichen Haaren.
Und das fühlte sich an, wie das fluffigste Kissen der Welt.

Und ich werde niemals vergessen, wie ich abends auf
meinem Bett saß, jene Zeilen verfasste und mir die Tränen
kamen. Weil ich endlich wieder fühlte.
Weil das, was ich fühlte, zu schön um wahr zu sein war.
Dabei war es mehr als wahr.
Nach diesem Abend roch alles an mir nach Dir.
Und ich werde es niemals vergessen, wie ich anfing wieder
zu atmen.

- 04.03.2021

Sie fragen mich,
ob ich nun endlich in Lohn & Brot sei
Und ich frage mich,
wieso das auf dieser Erde
so wichtig ist
Währenddessen träume ich
von einem Leben in
inneren Frieden & Blaubeerkuchentarte

Meine größte Angst?
Dass Du eines Tages nichts mehr in mir siehst
Dass einer von uns beiden geht
Und dass bald nichts mehr so ist wie jetzt

Mein Versprechen.
Wenn ich auch alles andere nicht kann,
so werde ich Dich immer lieben,
zumindest ist das mein Wunsch an mich

Also lass uns noch ne' Kugel Eis holen
und ne' Extrarunde um Schloss Moritzburg dreh'n
und lass uns nur noch im Jetzt leben
und Zukunft und Vergangenheit
weit weg in den Hintergrund heben

Denn das, was wir haben,
das *Uns* und die Gegenwart,
eine Kugel Pistazieneis
und eine Kugel Mangoeis -
das ist unser Herzenskleinod

Die Stadt hat überall
Blühwiesen pflanzen lassen

Sie bringen mich zum Lächeln,
weil sie mich an mich selbst erinnern

An die vielen Baustellen,
die ich in mir trage

Und weil ich zwischen Ecken und Kanten
bunte Kleckse aufbewahre

(Meine Hoffnungsschimmer)

Es fühlt sich an wie aufgefressen zu werden
und das in Zeitlupe

Scharfe Zähne,
die sich ihren Weg in alle Bereiche
des Körpers bahnen

Zwischen verbluten,
nach Luft ringen
und kurz davor aufzugeben

Die Monster wissen nicht:
wir sind immer einmal stärker als sie

Ohne Tasche zu spazieren
fühlt sich ungewohnt an
aber so schön frei

Ohne Gepäck auf Schultern
ist alles leichter
doch es braucht Zeit

Gebannt starrte ich
als kleines Mädchen auf den TV
schaute Jane Comerford zu
wie sie in ihrem hübschen Kleid sang
Ich verstand nicht, was sie sang
doch ich fand es
wunderschön schön und
wunderschön traurig zugleich
Und wahrscheinlich war ich schon damals immer
traurig und fröhlich zugleich,
nicht nur weil ich dieses Lied anhörte

Je voller die Seiten
meines Notizbuches,
desto leichter wird mein Herz
Je mehr Worte ich
auf meine Wunden schreibe,
desto weniger wird ihr Schmerz

Ein großer Teil in mir wurde gebrochen,
noch ein viel größerer verwundet
und doch bin ich hier,
weil der schönste Teil überwiegt
Der stärkste aller Teile von mir
arbeitet wie ein Perpetuum Mobile
Er schöpft Kraft,
immer und immer wieder,
selbst wenn
gefühlt
keine Kraft mehr da zu sein scheint,
die Kraft in jedem von uns ist
unerschöpflich

(lebendig)

Meine Bitte an Dich

Gib Dir nicht die Schuld
Du hast das nicht gewollt
Du bist nicht in einen Laden gegangen
Hast Dich im Gang der Krankheiten verfangen
Und Dir herausgesucht, was Dich nun so fertig macht
"Leere, Dunkelheit, Ausweglosigkeit, keine Kraft"
Hätte auf den Produkten gestanden
Diese Sachen hätte sich keiner freiwillig erstanden
Sieh es nicht als Bestrafung
Oder ein "geschieht mir Recht"
Denn genau das erzählt Dir nur
Eine böse Stimme und sie ist keineswegs echt
Sie will Dich nur zerstören
Du darfst nicht auf sie hören
Das einzige was Du wissen musst ist,
Dass es wieder weggeht
Dass es heilbar und bald aushaltbar ist
Bitte lass Dir helfen
Du wirst sehen:
es gibt auch wieder ballastfreie,
zauberhafte und mit Leichtigkeit erfüllte Seiten

(Magievoll durch das Leben reiten)

Theresa Einenkel

Meine Seele, der Porzellanladen

Über die Autorin

Theresa Einenkel, geboren irgendwann in den 90ern,
versteht sich im Grunde genommen nicht als Autorin.
Sie ist jemand wie Du und Ich und liebt es,
ihre Gedanken zu Papier zu bringen.
Nach ihrem ersten Gedichtband „Wintergedanken",
ist „Meine Seele, der Porzellanladen" ihr zweites Buch.

Wer mehr Texte von ihr lesen möchte, kann gerne bei
Instagram unter dem Namen dasporzellanmaedchen
vorbeischauen.

Meine Seele, der Porzellanladen